Die Welt mit anderen Augen sehen

Gedichte aus der Mitte unseres Lebens

Michael Siegbert

1

Inhaltsangabe

4

Vorwort

gemeinsam neue Wege gehen
sich auf neue Dinge einlassen
sich inspirieren lassen von
den folgenden Gedichten
in sich gehen
auf Tuchfühlung mit sich
und den anderen Individuen
jeder hat seine eigene Welt
wir können von jedem etwas lernen
es ist für jeden etwas dabei
gehen sie mit auf die Reise
und vergessen sie für einen Augenblick
den aufwühlenden Alltag

Zwiespalt

den Zwiespalt in einem selbst

deutlich spüren durch
Angst allein zu sein
doch anders sein wollen und machen
jedoch nicht anders sein können und wollen

deutlich spüren durch
super scheinen, Kritik packen, alles in Ordnung
jedoch im drinnen, Angst davor,
nicht Beachtung, nichts in Ordnung

Sehnsucht

Sehnsucht
sie ist ´ne echte Sucht
doch sie bucht
nur die Flucht

versucht zu retten
was die Wolken verstecken
sucht die graue Welt zerbrechen
an der wir sonst verrecken

das Fehlende wird vermisst
Du nie vergisst
was Sehnsucht ist

Bilder des Lebens

ein Blick zurück
viele Bilder
stehen an der Seite
an der Seite des Lebens
es sind Bilder
der Freude
zeigen Momente
des Glücks
Zeigen Momente
des Leids
will sie festhalten
will sie loslassen
ist nicht leicht
neue Wege zu gehen
nimm mit
die Bilder
aus alter Zeit

nimm sie
für die Kraft
auf dem Weg
in die Zeit

nur für Dich

wie vor dem Abgrund
schaust Du nach vorn
dennoch ohne Grund
Notiz niemand nimmt

Dein Gefühl
steht vor ´ner Wand
Menschen aus Stein
sitzen gemütlich
beim Gläschen Wein

nur das Kerzenlicht erhellt
was sie wollen
in ihrer eig´nen Welt
verschlossen die Fensterjalousie
warme Sonne

erblickt dieses Zimmer nie
nun stehst Du alleine da
keine steht dahinter

weit weg, das ist wahr
versuch zu sehen
den hellen Stern, der Dich trägt
schöpf' aus Deinen Brunnen Kraft
vielleicht ganz tief, aber doch
so jeden Berg beiseite schafft

Außenseiter

Außenseiter sein
sich zum Außenseiter machen

anders sein
sich zum Anders sein machen

Leben ?

Leben
wir stehen

   auf Brücken
   aus Holz

      sind alt
      und morsch

   Leben ?

das versteckte im Tage

der Tag

er geht jetzt zu Ende

die Sonne

sie verbirgt sich hinterm Hügel

der Mond

er erhellt die Nacht

die Sonne

versteckt sich vor dem Mond

wir stehen

in den leeren Straßen

weiße Straßen

sie sind vom Mondlicht hell

keine Seele

die in unserer Nähe weilt

es sind Seelen

die uns fehlen, so sehr

fehlen uns

in der Dunkelheit der Nacht
in der Nacht
werden Gefühle in uns wach
es sind Gefühle
die der Tag verschlang

Kraft in uns

Mensch ist das ein Wahn
Blut fließt durch die Bahn
doch der Körper liegt lahm

Herz rast ohne Halt
pochen bis zum Hals
Gefühle die es krallt

drückst es runter
doch es bleibt munter
und Du liegst drunter

wo bleibt die Kraft
die so was immer schafft
die jeder von uns in sich hat

sie ist mal größer, mal kleiner
wieso, weiß so recht keiner
reichen würd´mir einer

alles viel zu schön

Sonne brennt auf uns'rer Haut
frische Winde wehen durchs Haar
Blumen blühen überall
Vögel zwitschern ihre Lieder

müsste alles schön sein
doch kannst es leider nicht genießen

Party ist voll im Gange
gute Musik reizt zum Tanzen
viele Gesichter sind gut gelaunt
Stress und Arbeit ganz weit fern

müsste alles schön sein
doch kannst es leider nicht genießen

sitzt allein zu Haus

allein mit Musik in Gedanken

allein in Deiner eigenen Welt
für Dich ist es sicher und geborgen
trotz aller großen und kleinen Sorgen

müsste alles schön sein
doch kannst es leider nicht genießen

die Stimme der Gedanken

sie ruft Dich

              aus dem tiefen Grau

sie zieht Dich

              in das starke Blau

sie führt Dich

              durch eine andere Welt

sie bringt Dich

              zu dem was Dich hält

sie lässt Dich

              immer wieder schweben

sie hält Dich

              in zwei Leben

Erlebnis

bist hin und her gerissen
es geht Dir ganz schön beschissen
Traum und Wirklichkeit
ist manchmal wie ´ne Ewigkeit
ein Gefühl wie noch nie
sie ist die Harmonie
taucht in Dich hinein
und verschmelzen – kann´s für immer sein
viele stehen um Dich herum
und doch nicht – warum?
Wechselspiel der vielen Farben
ich will´s nicht mehr haben
tausend Bilder, diese all
krallen überall
Glieder auf Hochspannung
bringt alles in Wallung
doch Du bist nicht mehr da

das Haus

Wolken zeihen übers Land
Winde wehen auf uns zu
Regen fällt auf die Erde
Wasser fließt durch mein Tal
Gewitter hält uns wach
Fenster verhüllt die Fantasie
in das Haus fällt kein Licht
Türen, Fenster sind verschlossen
Schlösser, Klinken – wo sind sie hin
draußen birgt sich das lang ersehnte Licht
Leben und Tod sind sich so nah
Licht und Schatten sind zusammen

Freiheit ganz weit

hoch oben steht die Sonne
strahlt warm und hell voller Wonne

blickst auf das weite Meer
es funkelt und blitzelt sehr

der Wind bläst mal hoch, mal tief
klingt fast so als jemand rief

das Salz des Meeres liegt in der Luft
selten dieser doch besond're Duft

die Wellen jagt der Wind zu Dir
,,Erleben" – sagt er sich – voller Gier

fragst Dich bei allem – bist Du hier?

Wirbelsturm

ein Wahnsinns Schauer
ohne Schmerz
ließ mich einfach treiben
plötzlich dreht sich
alles um mich
und schließlich
nur noch um Dich

Du fehlst mir

so weit weg
bist Du von mir
stell mir vor
Du wärst einfach hier
ganz nah bei mir
ich wär einfach hier
ganz nah bei Dir
bist immer in
meiner Nähe
so als wenn
ich Dich grad´ sehe
wünschte mir könnt´
Dich ganz berühren
wünschte mir würdest
mich zart verführen
stell mir vor
Du wärst einfach hier

so sehr sehn´ ich
mich nach Dir
nicht so weit weg
von hier

Interpretation eines Liedes

Du bist

Du bist
wie der Wind
der meine Haut berührt

Du bist
wie die Sonne
die mich warm hält

Du bist
wie die Luft
die ich zum Atmen brauche

Du bist
wie das Wasser
das mich nährt

Du bist
mein Leben
Du bist
meine Liebe

immer weiter

vor uns
das tiefe Tal
lehrt uns
die weite Sicht
von dem
hohen Gipfel
zu schätzen

Wertigkeit

alles ruht
nichts geschieht
ausgeruht
Stimme rief

bist´e wer
nichts zu tun
manchmal leer
darfst nicht ruh´n

Werte seh

mehr als Geld
nicht übergeh´n
dennoch Stolz

unsere Welt

sie bricht auf
wird sie beruhigt

sie weint sich aus
wird nie gelassen

sie schreit so laut
wird nie getragen

sie wird erdrückt
wird nur verspielt

durch den Spiegel

lange schon weilt Chris an der Küste von Athen
kann weit fern über'n funkelnden Ozean seh'n

schwebend am Horizont hängen Federwolken über ihn
ruhig im Tiefem liegt das rauschende Meer, wie's schien

eine weiße Straße sich aus sinkender Sonne gezogen
sein Herz bei diesem Blick von Wärme gewogen

zehrt noch von dieser Reise durch's fremde Land
verlockend verblenden lassen vom zauberhaften Glanz

für's Besondere am Zauber schon den Blick verloren
auf rotem Kalamos ward's in Chris erneut geboren

hört hinterm Spiegel wie ungewohntes Leben lacht
bis auf den Grund schimmert ihm diese Farbenpracht

über die Grenzen

sol ich´s lassen
einfach so passen

vorher immer aufgeben
oder fühlen zu leben

Stärke wachsend spüren
öffnet alle meine Türen

liebe nun diese Kante
zuvor nie erkannte

Perfekt

aufgespürt
und eingeholt

ausgebreitet und durchforscht

betrachtet
und fortgelegt

vorausgeschaut
und durchdacht

immer noch
auswählen
und durchführen

unsere Liebe

Liebe
ist
die Kraft
im Leben
ohne
Liebe
sind
wir
nichts

vergessen

vergessen
was gestern war
vorbei
und doch noch nah
was zählt
das Hier und Jetzt
Sekunden, Minuten
davor schon fast
wieder weg
ausradiert
manchmal da
wie neu erlebt
und wieder nah

Gefühl in Dir

so nah ist das Meer
doch zwischen Euch steht ´ne Mauer
                  ganz undurchschaubar
das macht Dich so unendlich leer
für Dich fast unerreichbar

die Sonne erreicht Deinen Körper
doch zwischen Euch steht ´ne Mauer
                  ganz undurchschaubar
fühlst Dich wie in n´em Kerker
für Dich fast unerreichbar

heftig fegt der Wind um Dich
doch zwischen Euch steht ´ne Mauer
                  ganz undurchschaubar
irgendwie geschieht es nicht wirklich
für Dich fast unerreichbar

auf der Zunge liegt das Salz
doch zwischen Euch steht ´ne Mauer

                    ganz undurchschaubar

es lässt Dich leider kalt
für Dich fast unerreichbar

Ausklang des Tages

Dämmerung bricht herein
irgendwie bist Du allein

Bilder in der Nacht
halten Dich noch wach

so ein unruhiges Herz
fühlt jeden Schmerz

hier im sicheren, warmen Bett
ist es so unwahrscheinlich nett

etwas hier vergeht
wo nach Du Dich sehnst

Deine Ruhe ist auch noch fort
schließlich bist Du wieder dort

immer auf der Suche

suchst noch immer Deine Mitte
machst dabei kaum richt´ge Schritte

alles bewegt sich um Dich
doch es kümmert Dich nich´

bist nicht mal wie ein Kind
das schreit was es will in den Wind

gläsern wirkt Dein Wesen
so als wär´ in Dir nie was gewesen

es hält Dich wie auf´m Schiff
und hat Dich fest im Griff

aber Du musst weiter
es gibt noch mehr – ob so oder heiter

während Du an Wärme sinnst
sie irgendwann auch mal find´st

Garten meiner Großeltern

'ne Couch in ihrem Leben

sie sitzt ganz tief in der Couch
schließlich steht sie nochmal auf
geht fast schwebend durch alle Zimmer
ist auf der Suche, wie immer
lange steht sie noch wartend
den Fernseher doch noch schaltend
ihre Augen folgen flackernden Bildern
verliert sich darin schon wieder
das Sofa ist für sie schon nicht mehr da
nimmt um sich gar nichts mehr wahr
etwas zieht sie langsam fort
so als wär'sie schon lange dort
sie fühlt alles was geschieht
Wärme, die sie endlich sieht
es muss doch irgendwie in ihr bleiben
ziemlich lange will sie dort verweilen
vier Buchstaben liest sie nun
'ne and're Welt wartet schon
sie sitzt wieder in ihrer Couch

raus aus der Welt

endlich raffst Du Dich auf
sie sprach Dir auch gut zu
steig hinauf auf'n Berg „ohne Ruh´"
vielleicht bist auch Du mal gut drauf

ein Hauch von Musik dringt zu Dir
bald stehst Du in Verschwommenheit
Menschen erzählen qualmend in Heiterkeit
Ernst und Humor wiegen sich hier

in dieser Welt regiert ´n Stück Illusion
ein klein wenig, so hier und da
spürst Du „nimmt man Dich mal wahr"
sind Sekunden einer Transfusion

dies ist nicht der rechte Platz
drum brodeln in Dir viele Worttänze
stößt immer wieder an Deine Grenze

kämpfst weiter um den weit entfernten Schatz
für Dich alles fremd und leicht verschwommen
etwas macht Dich schwer und hält Dich
möchtest schnell ins and´re Licht
Du fühlst Dich schon ganz benommen

Gläser leeren sich fast wie von selbst
endlich was and´res im Körper spür´n
willst auch gar nicht was and´res rühr´n
doch auch Tränen rinnen fast von selbst

Erinnerung schleicht sich durch Dich
in sich gefangen – und allein-
in ´ner Gruppe nicht dabei zu sein
neu, leider , für Dich nicht

Alles was ich will

alles was ich will
schaff´ich ohne Frage
alles erreich´ ich
dazu bin ich in der Lage
alles, ohne Zweifel
doch nur mit Dir
alles was ich will
lebt in mir
alles gehört zusammen
besonders Du und ich
alles möcht´ ich missen
doch niemals Dich
alles ich nicht lieb´
würd´ niemals scherzen
alles was ich brauch und lieb´
bist Du in meinem Herzen

Anfang eines Lebens

wie ein kleiner Samenkorn
hat irgendwas in uns begonnen
bahnt sich (s)einen Weg nach vorn
hat einen großen Raum in uns gewonnen

ein besonderes Lebenselexier
bringt hervor was in uns steckt
noch hungrig – doch ohne Gier
sieh, wie's reckt und streckt

Sprössling lässt sich's gut ergehen
wirft beiseite Erd'und Stein
genießt wenn Winde wehen
so schön kann Leben sein

Lass los

was hält Dich wirklich
willst loslassen
suchst weiter nach Halt
greifst dabei ins Leere
immer wieder
kann das gut verstehen
diesen Weg ging auch ich
es kommt eine Zeit
nie so ganz verheilt
klar, Du schaust mal zurück
doch auch gut nach vorn
sogar mit Zuversicht
es wird schon weitergehen

wahre Freundschaft

viele Worte
nicht viel sagen
starke Gefühle
nicht weiter tragen

denkst Du
sollst es wissen
denn ich
würd´ Dich missen

weiß genau
mir würd´ fehlen
unser langes
reden von den Seelen

ohne Deinem Wesen
wär´ es in mir leerer
ohne Deinem Tragen

ganz bestimmt auch schwerer

diese Band
der echten, wahren Freundschaft
gibt uns Kraft
damit ein jeder fast alles schafft

mit dem ander'n
die Dürre der Wüste überstehen
mit ihm, na klar
den kleinsten Raum im Nebel sehen

wünsch' mir sehr
unheimlich lang zu fahr'n
mit Dir genießen
die gemeinsame Umlaufbahn

Erinnerung

der alte Mann
auf einer Bank am Wegesrand
ruht sich aus
im Park am Dorfesrand
                   mit seiner Last des Lebens

schwebend in diesem Park
das es früher noch nicht gab
erinnert sich,
dass hier Wald und Flur mal lag
                   Träume wachsen hier nicht
                   vergebens

Bilder vor seinen Augen
der längst vergangenen Zeit
bringen ihm
ein Hauch von Jugend, Glück und Gesundheit
                   sein unbeschwertes Sein

viel ist seither schon geschehen

alles hätte er lieber nicht gesehen

                  musste es wirklich sein

Narben auf seiner

nicht mehr so glatten Haut

fast das einzige, was führt zurück

wenn man genau schaut

                  liegt hinter ihm, meilenweit

zu sehen

ist sein Strahlen übers Gesicht

jeder graue Schleier

brachte ihm sein Licht

                  es wächst die kostbare Zeit

Heute, Morgen, Gestern

Wir sind im Morgen,
obwohl wir das Heute
noch nicht zum Gestern
werden ließen

was Liebe bindet

Zärtlichkeit
uns vereint
Liebe
nie verneint
Hände
sich umschlingen
verschmelzen
fast symbiotisch
genießen
nicht fantastisch
gemeinsam
sind vereint
and´re Zeit
nie verneint

Zeit geht und steht

jede Zeit
geht vorbei
nicht vergessen
und doch vorbei
nicht verloren
und doch weg
vorbei, vorüber
so schnell
sie rast
rennt
mit uns
vorbei
doch manchmal
gerade, jetzt
am Anfang
vor irgendwas

steht sie
still

ganz still

diese Hände

zärtliche Hände
berühren sich
heiß und innig
sie lieben sich

nur diese Hände
fangen sich auf
nur manchmal
halten sich auf

wärmen sich schützend
immer wieder gegenseitig
drücken sich
für sie unheimlich

diese Hände
sind auch and´re Hände
and´re Hände

manchmal genau diese Hände

fremde Hände
verstehen´s nicht
weisen alles
auch Gefühle von sich

nur vielleicht

vielleicht
sag´ ich nie wieder
vielleicht
tu´ ich´s wieder
vielleicht
bereu´ ich´s später
vielleicht
freu´ ich mich später
vielleicht
bin ich etwas weiter
vielleicht
ein wenig g´scheiter
vielleicht
tut´s mir nachher leid
vielleicht
aber nur vielleicht

immer wieder

immer wieder
steh´ich wieder auf
immer wieder
wenn ich falle
immer wieder
raff´ich mich wieder auf
immer wieder
wenn ich unten lieg´
immer wieder
pack´ich´s an
immer wieder
wenn ich nicht´s mehr glaub´
immer wieder
sonne ich mich
immer wieder
vor dem Fall
immer wieder
ruh´ ich mich aus

immer wieder
vor der anderen Zeit
immer wieder
tut es weh
immer wieder
tut es gut
immer wieder

manchmal

manchmal
dreht sich alles im Kreis
manchmal
weißt Du nicht mehr was Du weißt
manchmal
ist der Tag länger als ein Leben
manchmal
kann er Dir zu viel und auch zu wenig geben
manchmal
möchtest Du ganz hoch hinaus fliegen
manchmal
bist Du leider nicht richtig zu kriegen
manchmal
kommt´n Moment am Tage
manchmal
an dem Du Dir die vielen Fragen fragst
manchmal
wünscht Du Dir wieder eine Zeit

manchmal

liegt unwahrscheinlich nah und weit

manchmal

möchtest Du in ihn hinein

manchmal

soll es nicht sein, kannst so nah nicht sein

manchmal

bist Du auf der Suche wie so oft

manchmal

Du immer wieder auf irgendwas hoffst

manchmal

wie ein Fels in der Wüste stehst

manchmal

langsam weißt, wie Du so gehst

Weißt Du.....wieso?

Weißt Du wer Du bist?
Wieso Du so und nicht anders bist?

Weißt Du woher Du wirklich kommst?
Wieso Du diesen Weg einmal ging´st?

Weißt Du wohin Du gehst?
Wieso Du das oft so wählst?

Weißt Du warum sich die Welt so dreht?
Wieso Du Dich so schwer tust,

        dass es anders geht?

Weißt Du wie wir Menschen mit uns sind?
Wieso Du alles in Dir hast

        und doch nichts
        wächst?

Weißt Du was lieben heißt?
Wieso wir uns lieben müssen,

um neue Wege zu
gehen?

Zu viel dreht sich

es dreht sich
in Dich
fühl Dich nich´

anders dreh´n
die Winde weh´n
willst nicht geh´n

halte fest
den alten Rest
schweres neues Fest

wer spricht?
Ein Wicht?
Du bist´s nicht!

Willst nicht sein
pass´ da nicht rein
is´noch´n Schein

weißt nicht wohin
welchen Sinn
und was ist drin

Gemeinsamkeit
aus der eigenen Welt

Jeder Tag
zur selben Zeit
nutzt jeder
die Gelegenheit
und man sieht
wie Ameisen
tüchtig im Saal
ihre Wege zu bereisen
verbinden lässt sich
Nutzen und Zwecken
manche Gespräche
Geselligkeit erwecken
eigene Welt
immer weiter rinnt
nun jeder fern

in Gleichgültigkeit schwimmt
fremde und eigene
Schauergeschichten
lassen sich
eilig-ausführlich berichten
es geht nachher
zurück ein jeder
in die eigene
und heikle Welt wieder

nie zu vor

nie zu vor
habe ich so einen Menschen gekannt

nie zu vor
habe ich so was schönes erlebt

nie zu vor
habe ich so ein Gefühl gekannt

nie zu vor
habe ich so eine Geborgenheit erlebt

nie zu vor
habe ich niemanden so geliebt

später erst, Chris,
hab´ ich gelacht

meine Erwartungen und Wünsche
nicht von Dir erfüllt
hab´ nur das allerbeste
für Dich gewollt
warst gerade drei, mein lieber Chris,
als ich Dich so sah
was Du wohl wärst und wünschte
es werde wahr
glitzern und aufregend sah Dein Leben
in mir schon aus
doch Dein Weg, mein Chris, wusst´ ich bald
sah ganz anders aus
für mich erschütternd, wähltest Du den Weg
zu Deinem eig´nen Ziel
Du wolltest wenig, nur Zufriedenheit

ich wollte alles und viel
hab´ mich oft gefragt danach, was
hab´ ich bloß falsch gemacht
vergaß nur Dein Glück, mein lieber Chris,
seh´ ich jetzt und hab für Dich gelacht

wieder zu Haus´

den Flughafen gerade verlassen
auf dem Heimweg
langsam nähernd
erkennen wir
unsere altbekannte Stadt
in Vergessenheit geraten
für eine kurze Weile
in Gedanken versunken
ziehen Bilder der letzten Zeit
in uns vorüber

kaum was hat sich verändert
nur Blumen blühen wieder
Bäume zeigen ihr frisches Grün
Schaufenster der kleinen Läden
sind wieder neu dekoriert

nun sind wir
mit Koffern in der Hand
vor unserem Haus
schließen auf
atme tief
und genieße
diesen Duft unseres Heims
öffne Fenster und Türen
leicht stickige Luft weicht
wie wunderbar
daheim zu sein

Muße am Sonntag

langsam, ruhig und gemütlich
spazieren viele Menschen
genießend durch kleine Straßen
und auch Gassen
durch sauber gepflegte Gärten
und Fußgängerzonen
entlang der Küst´ und dem Strand
zufrieden sitzen Alt und Jung
verstreut beisammen auf Bänken
und auch auf Mauern
bequem in gelieh´nem Liegestuhl
manche liegen sonnenlustig
auf blühend umringter Wiese
überrascht vom herrlich frischen Sommerwind
froh vergnügte Menschen begegnen
selten einem nachdenklichen
einige esen Zeitung vom Morgen

vertieft in spannend romantischen Roman
flüchtig, anregend ringsherum
deutlich ein Stimmgewirr
unterbrochen, sanft fast zärtlich
vom fröhlichen Kinderschrei
sind spontan versammelt
und ungezwungen
alle an ihren Worten

er liebt

um 18 Uhr
jeden Wochentag
nach seinem
zerstreut kurzen Arbeitstag
sitzt er noch lange
bei ein, zwei Bier
er weiß,
noch ist er bei ihr
was mit
und um ihn herum geschieht
war sie
mit ihm, was er sieht
auf diesen Clou
mit ihr lies er sich ein
wollte nicht
und musste doch ein Verlieben sein
in all den
Stunden und Minuten

gesessen hier
für sich allein hier „Im Guten"
schaute lang
und tief in sein offenes Herz
verdient
hat niemand diesen Schmerz

nah – entfernt

wie Eisschollen treiben wir
im atlantischen Ozean

schwimmend auf einander zu
sich schmelzend berühren

entfernt von einander
sich bereichernd entdecken

geführt wird das Eis
vom Wesen der Natur

zwangsläufig unaufhaltsam
anziehend und entfremdend

Perlenscherben

Wahrheit und dergleichen
muss allem and'ren weichen

in turbulenter Welt
regiert zu oft das Geld

irgendwo, jemand schreit danach
es irgendwann nicht nur sah

rast durch Perlenscherben
ganz flüchtig durch die Kerben

doch alle seines Gleichen
versuchen auszuweichen

fühlen sich hingezogen
ruhig mit ihr ausgewogen

verborgen im Herzen wissen sie
sie nicht auskommen ohne sie

bist immer hier

leider gingst Du schon vor Jahren
in eine uns noch unbekannte Dimension
zuvor konnte ich Dir noch die Liebe sagen

zu fabelhaft um fortzugehen
wertvolle gehen immer zu früh
konnt' es damals nicht verstehen

jeden Tag bist Du noch hier
egal wo Du nun zu Hause bist
ich halte Dich tief in mir

in Gedenken an meine liebe Oma

zwischen den Stühlen

schon seit Tagen

liegt´s mir im Magen

hin- und hergerissen

wer wird sie vermissen

kann nicht entscheiden

leider muss sie leiden

da sie sich trennen

zu and´rem Glück bekennen

fühlt sich so verlassen

möchte gerne alle hassen

folgt einem and´ren Trieb

sie doch zu sehr liebt

Gewitter in uns selbst

Gewitterwolken ziehen übers Land
Blitze funken aus zweiter Hand
zeichnen Schatten an die Wand
lösen sich von dem tiefen Rand

Wirbelsturm der großen Gefühle
zermalmt alles in der Sinnesmühle
so wird alles kälter in der Abendkühle
sitzen uns gegenüber auf zwei Barstühle

ziehen uns zurück; sprinte vor
bis hinan übers Gartentor
in diesen Moment man auch fror
gelassen mit vielen in einem Chor

träume mir manchmal einen Traum
vom großen, wunderschönen Baum

90

so ein Tag

so ein Tag, so wie heute
so ein Tag, eine fette Beute
könnt´ jeder Tag für mich so sein
könnt´ jeder Tag für uns so sein
heut´ lacht die Sonne in mein Herz
ich mach´ da keinen Scherz
aber ich freu´ mich heute sehr
auf Dich und mich, auf uns hier
selbst wenn sie einmal nicht mehr scheint

magische Momente

es sprudelt aus mir raus
weiß nicht mehr ein und aus

es wird schon weitergehen
wie genau, wir werden's sehen

jedes Wort mir fällt ein
manchmal mit einem Reim

sammle Hier und da Fragmente
könnte sein es sind magische Momente

auf der Suche

ich hab´s vergessen
kann nichts mehr retten
fühl mich wie besessen

auf der Suche nach dem Licht
durch den Dschungel des Lebens
kein Land weit und breit in Sicht

ich gebe einfach nicht auf
laufe ganz tief hinaus
denke und fühle beim Abendlauf

Lösungen ich werde finden
liegen mir fast auf der Hand
will mich an nichts binden

reich an Gefühlen

der Mond zieht eine weiße Straße
frag´ mich wohin führt dieser Weg
in welcher Weise, in welchem Maße
in uns etwas großes regt

der Wind strömt leise an mein Ohr
frag´ mich wo er wohl herkommt
klingt für mich wie ein Chor
es ist in uns wie gekonnt

die Sonne berührt unserer beider Haut
sie wirkt färbend und wohlig warm
durch die Wolken sich nicht traut
sind dadurch reich und nicht sehr arm

was ist morgen

denkst Du schon an Morgen
wobei das Gestern noch weilt
wir im Heute noch aufrecht stehen
das Vergangene noch in uns spüren

erlebe es

feiere das Leben
erlebe es
genieße Dein Leben
erlebe es
finde einen Weg
erlebe es
teile es mit and´ren
erlebe es
erreiche Dein Ziel
erlebe es

Du bist wie Gold

so wie Gold
bist Du
für mich
ich bin
reich
nur mit Dir
auch ohne
einen Cent

Meinungsverschiedenheiten

Du und Ich
stehen im Regen
stehen in der Sonne
lassen uns berieseln
reisen durch die Zeit
gemeinsam
und doch allein
jeder für sich
steht für sich allein
gemeinsam
durch die Zeit
Du und ich
stehen unter Wolken
stehen im Wind
lassen uns berauschen
wandern durch die Zeit
gemeinsam

und doch allein
jeder für sich
steht für sich allein
gemeinsam
durch die Zeit

mein lieber Chris

hast niemals „Nein!" gesagt, mein lieber Chris,
egal was man Dich auch hat gefragt
wolltest es allen, die Dich umgeben,
recht machen,
immer ein guter Freund sein
dadurch immer Freunde haben
doch sobald Du auf Dein ich bestehst
sind sie fort und nicht mehr da für Dich
mein lieber Chris
trotz alledem sei gesagt
schaue auf Dich, damit Du auch Glück erfährst
sei Du selbst, damit Du authentisch bist
die Menschen, die Dich dann noch umgeben
sind wirklich da für Dich

Tanzen

tanze in den Tag hinein
Deinen Körper, lass ihn spüren
die Musik, genieße den Rhythmus
bei dem man einfach mit muss
tanze am Abend
schließe den Tag für Dich ab
blicke auf ihn mit Freude
mit Zuversicht
auf den neuen Tag

erreicht

es war ein langer Tag
ein langer Tag
habe viel erreicht
habe viel geschafft
darf zufrieden sein
darf stolz darauf sein
es war ein langer Tag
ein langer Tag
liegt hinter mir
liegt nicht mehr vor mir
könnte zu wenig sein
könnte mehr sein
es war ein langer Tag
ein langer Tag

aus der Traum

in meinem Traum
bin ich gerade eben
wunderschön und
schlank trainiert gewesen
war im Gespräch mit
anderen unseres Gleichen
wir können, aber müssen
uns nicht ausweichen
die meisten von uns
sind wohl gut gebaut
doch die meisten habe
ich gleich durchschaut
und plötzlich werde
wieder ganz wach
doch ich bemerke es
wir haben noch nicht Tag

die große Stadt

die einsame Stadt
keiner der jeden hat
fühlen sich verlassen
doch es geht vorwärts
weit, weit so weit
kein Mensch weit und breit
wir sind zu zweit allein
reden über dies und das
kommen uns etwas näher
in dieser einsamen Stadt

Rhythmus des Lebens

ich lausche der Musik
sie geht mir so tief ins Blut
ich ahnte nicht was geschah
was sich da so bei mir sich tut

man glaubt es nicht dieser wunderbare
immer wieder kehrende Rhythmus
bei dem man, egal was kommt
immer wieder mit muss

er treibt uns immer weiter
er ist verborgen tief in uns
leben ihn gründlich aus
wir spüren ihn ganz tief in uns

es ist so wunderschön
dieser Beat, diese Blues
es tut einfach nur gut
wenn Du es einfach nur tust

ich bin da für Dich

ich hör´ Dir zu
ganz gut zu
damit ich auch
alles mitbekomme
von Dir
aus Deinem Herzen
ich will da sein
für Dich
werde Dir helfen
wo ich kann
geb´ Dir die Kraft
damit Du vieles
was sonst nicht geht
dann doch noch schaffst
wir sind ein wir
nicht nur Du allein

unterwegs

bin wieder auf Reisen
100 Meilen weit entfernt
fühl wie kleine Ameisen
meilenweit zu gehen

mal bin ich hier
manchmal auch dort
ich weiß es hin und wieder
bin ich ganz weit fort

angekommen an einem Ort
fühle mich ganz recht wohl
und bin sehr gerne an jenem Ort
wandere von einem zum anderen

Warum?

Warum nur gibt es
Streit unter den Menschen?
Warum gibt es
den Terror?
Warum respektieren
sich die Menschen nicht?
Warum gibt es Hass?
Warum verletzen
sich die Menschen?
Warum gibt es
blinde Wut?
Warum gibt es
Konkurrenz – denken?

Ich liebe Dich

Manchmal werde ich
mitten in der Nacht
einfach so wach
denke sofort an Dich
und mir wird so warm
denn ich liebe Dich
die Zeit wird gar nicht lang
denn ich liebe Dich
so sehr
ich bleibe wach und
denke an Dich
so sehr
Manchmal werde ich
mitten in der Nacht
einfach so wach
sehe Dich wieder vor mir
denn ich liebe Dich

Begegnung

in der Nacht
begegnen wir uns
Du kannst nicht schlafen
ebenso wenig wie ich
wir reden
einfach so
was uns gerade bewegt
und irgendwann
legen wir uns wieder hin
schlafen mit dem Gedanken
an den anderen
wieder gut ein

sie ziehen vorbei

sie ziehen an uns vorüber
halten nicht bei uns an
sie sind manchmal bei uns
sie halten sich nicht auf
ziehen einfach weiter
mit neuen Zielen
die uns bewegen
die uns berühren
wir gehen wählen
halten den Kurs
und sind zufrieden
nicht bei allem,
was von oben kommt
aber vielem
sie ziehen vorbei

wahrnehmen

schaut hinweg
schaut nicht hin
das ist
was Wirklichkeit ist
jeder für sich
jeder allein
ist das die Wirklichkeit
gemeinsam
gegen den Strom
gemeinsam
nicht allein
schaut wieder hin
schaut nicht fort

zusammen

egal was auch geschieht
ich bin da für Dich
kannst Dich darauf verlassen
ich werde da sein für Dich
wir haben es uns geschworen
für immer und ewig
zusammen
miteinander
egal was auch geschieht
ich bin da für Dich
kannst Dich darauf verlassen
ich werde da sein für Dich

umwerfend

umwerfend bist Du
Dein Temperament
wirft mich um
deshalb liebe ich Dich
umwerfend schön
bist Du für mich
deshalb liebe ich Dich

Selbstportrait

Dein eigener Weg

lass sie denken
was sie wollen
lass sie wandern
wohin sie wollen
sie werden schon
den rechten Weg
für sich finden
oder auch nicht
lass nicht leiten
Dich von anderen
gehe Deinen
eigenen Weg

erstarrt der treibende Fluss

bewegende Veränderung
steht bevor
irgendwie, irgendwo
jeder Versuch, sich zu ändern
misslang bisher

bisher änderte
sich nichts
nichts äußeres

-erstarrt-
einer Statue gleich
äußeres von außen
sich bewegt
haucht leben ein
ins erstarrte Wesen

Erwartungen

nicht erfüllt
nicht erreicht
schon gesehen

zu weit geschaut
zu weit gehofft
schon gesehen

von sich auf
andere geschlossen
von sich auch
verschlossen
schon gesehen

Erwartungen
nicht erfüllt

Was nutzen Kriege?

zu viel hat er schon gesehen
zu viel ist schon geschehen

Menschen voller Schmerz
zerbrochen wurd´ ihr Herz

Bomben, Raketen und Tod
bereiten unsagbar viel Not

nicht nur die Reifen
sondern auch die Seichten

Weißt Du ... ?

Weißt Du wohin es geht?

Weißt Du woher Du kommst?

Weißt Du wieso es so ist?

Weißt Du wie es gerade geht?

Weißt Du was gerade so läuft?

Weißt Du ... ?

hab´vertrauen

es ist dunkel
ich seh´ kein Licht
alles dunkel
in meinem Haus
die Tür ist zu
alles dunkel
kein Licht fällt
durch die
Fensterjalousie

alles dunkel

Schlüssel des Lebens

Deine Tür
verschlossen
von außen
nicht zu öffnen
den Schlüssel
hast nur Du
öffne sie für Dich
und andere

in sich für sich

ich gehe spazieren
entlang
der langen Straße
wo
kein Auto fährt
niemand
entgegenkommt
und doch
nicht wirklich allein
zusammen
mit meinen Gedanken

verziert

ein Maskenschrank
in der Wand
geborgen
verborgen

hundert Maskenbilder
doch nur Schilder
verzieren jedes mal
Dein Gesicht
mit einem anderen
Masken – Ich

Maskenkinder
keine Wunderkinder
Masken, Masken überall

gehen auf jeden
Maskenball
dieselbe eine steht daheim
mag wohl die Wahre sein

Was wäre, wenn...

Was wäre, wenn...

alle Wünsche sich erfüllen

Was wäre, wenn...

alle Ziele sich erreichen

Was wäre, wenn...

alles Wissen sich schon wüsste

Was wäre, wenn...

alles Junges niemals altert

Was wäre, wenn...

alles Gleiche jedem gleicht

Was wäre, wenn...alles Glück nie versiegt

Was wäre, wenn...

alle Zukunft sich bestimmen lies

un-bekannt

auf diesen Abend im Theater freut sich Chris
weiß genau, sein Superstar würd´ dort spielen
er deshalb natürlich in der ersten Reihe sitzt
und doch sind beide nur einer von vielen

Schritt auf Schritt aus jeder Sicht verfolgt er ihn
seine rosa Augen geblendet in diesem Stück
Gedanken in seinem Kopf kreisen nur um ihn
kennt alles was ihn schwert und entzückt

er sitzt in diesem großen Saale ganz allein
alle ringsherum verwünscht und unsichtbar
möchte jede freie Stund´ ganz nah bei ihm sein
er würde alles dafür tun, das wäre unschlagbar

beendet wird das Stück durch donnernden Applaus
schweren Herzens geht Chris irgendwann auch heim
unterwegs sieht er ihn weit fern von jedem Haus
noch im Bett fragt er sich wer mag das gewesen sein

liebe Nachbarn

hab´s gelesen
er ist´s gewesen

schon gehört?
Was? – unerhört

ist´s wahr
was sie sah

wirklich? Nein
kann nicht sein

weißt Du schon
von seinem Sohn?

unerschöpflich

Tag und Nacht
läuft
das Fließband
in jeder Stadt

ohne Pause und Ruh´
fließt
ein Geldzählwerk
im goldenen Schuh

gesteuert und dressiert
schöpfen
unermüdlich
sich sonst verliert

Ohne Dich

endlos
allein
so allein
hilflos
tief in mir
endlos
allein
so allein
bist Du
fort von hier
endlos
allein
so allein
ich bin
nur mit Dir
endlos
allein

so alleinbald werd´ ich
in mir selber sein
nicht allein
nicht so allein

Anfang und Ende

Ein Anfang
könnte gleich
das Ende
von irgendwas sein

Ein Ende
kann aber auch wieder
der Anfang
von irgendwas sein

die unwirkliche Wirklichkeit

das Geschehen auf der Bühne
hat sie in den Bann gezogen
einen Moment vergessen
die Sorgen der vergangenen Tagen

am Anfang hielt sie sich
Freud und Lust gar verborgen
nun alles and're zurückgelassen
kann warten bis Morgen

Lösungen – Lückenlos

aufgespürt
und eingeholt

ausgebreitet
und durchforscht

betrachtet
und auch fort gelegt

vorausgeschaut
und durchdacht

nun noch
auswählen
und durchführen

Herstellung und Verlag: BoD – Books on Demand,
Norderstedt
ISBN: 978-3-7534-4463-5